25

암소로 변한 가엾은 이오

주니어RHK

신화의 가치

신화는 한 민족의 기원이나 역사적 · 종교적 · 문화적 삶의 모습을 보여 주는 옛이야기입니다. 주로 신과 영웅에 관한 이야기가 많고, 오랫동안 입에서 입으로 전해 내려왔다는 특징이 있지요.

우리가 살펴볼 그리스 로마 신화는 고대 그리스와 로마에 전해 오는 신화와 전설을 한데 묶은 것입니다. 그리스 로마 신화는 고대의 삶을 엿보게 해 주는 문화유산일 뿐만 아니라, 세계 여러 나라의 문학과 미술에 큰 영향을 끼쳤습니다. 하지만 문화적 가치만큼이나 중요한 것이 또 있습니다. 오래된 옛이야기이면서도 거기에 담긴 교훈적 가치가 오늘날에도 여전히 쓸모 있고 중요하다는 사실입니다.

놀랍지 않나요? 수천 년 전의 이야기가 어떻게 과학 문명이 고도로 발달한 오늘날에도 통하는 것일까요? 그것은 바로 그리스 로마 신화에 나오는 신과 영웅의 모습이 오늘날 우리의 모습과 다르지 않기 때문입니다. 신들도 우리처럼 분노하고, 질투하고, 실수를 하지요. 그런 모습을 보면서 우리는 깔깔 웃거나 눈물을 흘리고, 교훈과 감동을 얻습니다. 우리가 그리스 로마 신화를 읽어야 하는 까닭이 바로 이것입니다.

신화의 세계로 떠날 여러분에게 한마디 덧붙이자면, 신화는 우리에게 끝없는 상상력을 요구한다는 점입니다. 신화 속에는 수많은 은유와 상징이 곳곳에 널려 있지요. 따라서 신화를 읽을 때에는 상상력을 최대한 발휘하여 신화 속에 숨겨진 의미를 찾고, 그것을 자기 나름대로 재해석하는 과정이 필요합니다. 이렇게 읽었을 때에야 비로소 여러분 앞에 놀라운 삶의 이야기가 펼쳐질 것입니다.

자, 그럼 흥미진진한 신화의 세계 속으로 함께 떠나 볼까요?

신 가운데 최고의 신, 제우스!
제우스는 다른 신들과 사람들의 존경을 한 몸에 받았지만
아름다운 여인을 보면 곧 사랑에 빠지고 말았답니다.
제우스는 아름다운 여인 이오를 보는 순간 한눈에 반해요.
하지만 제우스의 아내 헤라가 그냥 두고 볼 리 없지요.
제우스에게 사랑을 받은 이유로 암소로 변한 이오.
지금부터 가엾은 이오의 이야기를 들어 볼까요?

주요 등장인물

⚜ 제우스 ⚜

올림포스 신들의 왕이자,
하늘과 벼락의 신이에요.
이오에게 반해 접근하지만
헤라의 방해를 받아요.

⚜ 이나코스 ⚜

강의 신이며
이오의 아버지예요.
딸이 제우스 때문에
암소로 변하자
제우스에게 대들어요.

⚜ 헤라 ⚜

제우스의 아내로,
올림포스의 여신들
가운데 가장 높은
여신이에요. 결혼의
여신으로, 질투심이
많아요.

⚜ 이오 ⚜

이나코스의 딸로 눈부시게 아름다워요.
제우스가 한눈에 반해 사랑하지만 헤라의
질투 때문에 암소로 변해 숲 속에 묶이게 돼요.

⚜ 아르고스 ⚜

헤라의 명령으로 암소로 변한 이오를
감시하는 괴물이에요. 온몸에 눈이
백 개나 달려 있어서 잘 때도
한두 개는 뜨고 있어요.

1
아름다운 여인 이오

햇빛을 받아 찰랑거리는 머릿결,

초롱초롱 빛나는 두 눈, 그리고

발그레한 볼에 빨간 입술까지…….

아르고스에는 이오라는 아름다운 아가씨가 살고 있었습니다. 이오는 강의 신 이나코스의 딸이었습니다. 이오가 얼마나 예뻤냐 하면 사람들은 물론 꽃과 나비, 동물들도 넋을 놓고 바라볼 정도였습니다. 이오가 가는 곳이라면 어디든지 꽃향기가 나고, 주위가 밝은 빛으로 빛났습니다.

이오는 얼굴만 예쁜 것이 아니라 마음씨까지 고왔습니다. 남동생들을 돌보고 아버지를 도와 다친 동물들도 잘 보살펴 주었습니다. 이나코스는 그런 딸을 무척 아끼며 딸의 행복을 바랐습니다.

"좋은 짝을 만나 행복하게 사는 모습을 보았으면 좋겠구나."

사람들이나 님프들도 마찬가지였습니다.

"이오 아가씨가 세상에서 가장 예뻐. 꼭 천사 같아."

이오의 아름다움은 바람을 타고 세상에 알려져, 마침내 제우스의 귀에까지 들어갔습니다.

제우스는 바람둥이

신들 가운데 최고 신이며 온 세상이 다 떠받드는 제우스이지만 한 가지 흠이 있었어요. 제우스는 예쁜 여자만 보면 아내인 헤라가 있는데도 앞뒤 잴 것 없이 사랑에 빠져 버렸지요. 헤라는 남편 제우스 때문에 무척 속이 상했어요. 그리스 신화를 보면 제우스가 사랑에 빠진 이야기가 여러 가지 나온답니다. 지금과는 달리, 전해져 내려오는 옛날이야기 속에서만 가능한 일이지요.

신들의 왕 제우스는 온 세상을 다 가졌으면서도 예쁜 여자만 보면 좋아 어쩔 줄 몰랐습니다. 신이고 사람이고 님프이고 가리지 않고 사랑에 빠지곤 했습니다. 그러니 이오의 소문을 듣고 가만있을 리 없었습니다. 제우스는 이오를 직접 보기 위해 그길로 구름을 타고 이오가 산다는 강가로 내려갔습니다.

'이오가 그렇게 예쁘다니 내 눈으로 꼭 봐야겠어.'

제우스가 강 주위를 살펴보고 있을 때, 아름다운 이오가 눈에 들어왔습니다. 마침 이오는 강물에 비친 모습을 보며 머리를 빗고 있었습니다. 과연 이오는 듣던 대로 매우 아름다웠습니다.

햇빛을 받아 찰랑거리는 머릿결, 초롱초롱 빛나는 두 눈, 그리고 발그레한 볼에 빨간 입술까지…….
제우스는 한동안 넋을 잃고 이오를 바라보았습니다.

'듣던 대로 정말 아름답구나. 그래! 꼭 아내로 맞이해야겠어.'

제우스는 이미 아내가 있었습니다. 하지만 신들은 여러 명의 아내를 둘 수 있기 때문에 제우스는 아름다운 이오를 꼭 아내로 삼고 싶었습니다.

제우스의 아내 헤라는 하늘에서 늘 제우스를 감시하고 있었습니다. 헤라는 결혼과 가족을 지키는 신이었습니다. 결혼의 약속과 가족의 평화를 무엇보다 중요하게 여겼습니다. 그래서 바람둥이 제우스가 늘 *못마땅했습니다.

"헤라한테 들키면 큰일이니 검은 구름으로 변해야지. 그럼 제 아무리 똑똑한 헤라라도 모를 거야."

제우스는 곧 검은 구름으로 변해 이오에게 다가갔습니다. 이오는 그것도 모르고 평화로운 얼굴을 하고 있었습니다.

*****못마땅하다** 마음에 들지 않아 좋지 않다.

2
헤라의 질투

'이상한 일이군. 이런 일을 할 수 있는 건 제우스밖에 없어.'
헤라는 제우스가 또 무슨 일을 꾸미고 있다는 것을
금방 알아챘습니다.

"어머, 어떻게 된 걸까? 저 검은 구름은 뭐지?"

이오는 검은 구름을 보고 벌떡 일어섰습니다. 강가에는 이미 어둠이 내려앉아 한 발 앞도 보이지 않았지만, 이오는 구름을 피해 달아났습니다.

'어떻게 해서든 이 검은 구름에서 빠져나가야 해.'

이오는 있는 힘을 다해 달렸습니다. 하지만 결국 이오가 다다른 곳은 절벽이 있는 낭떠러지였습니다.

"아버지, 살려 주세요! 동생들아, 도와줘!"

"이오, 놀라지 마시오. 나는 제우스라 하오."

이오를 찾아간 제우스

〈제우스와 이오〉 코레조

제우스가 검은 구름이 되어 이오를 찾아가요. 이오 얼굴 주변을 자세히 들여다보세요. 이오에게 입맞춤하는 제우스의 얼굴이 보여요. 오른팔로는 이오의 허리를 감싸 안고 있답니다.

"제, 제우스 님이라고요?"

이오는 놀라서 소리쳤습니다.

검은 구름이 사라지고 멋진 제우스가 모습을 나타냈습니다.

"놀라지 마시오. 당신 모습이 아름다워서 이렇게 왔다오."

"제우스 님! 헤라 님이 아시면 저를 가만두지 않으실 거예요."

이오는 헤라가 얼마나 강하고 무서운지 익히 들어 알고 있었습니다. 사실 제우스도 아내 헤라가 무섭긴 마찬가지였습니다.

"이오, 나는 처음 본 순간 당신을 진심으로 사랑하게 되었소. 나와 결혼해 주지 않겠소?"

이오는 제우스의 진솔한 사랑이 느껴졌지만, 치러야 하는 대가가 얼마나 클지도 짐작되었습니다. 하지만 제우스의 진심이 담긴 말에 이오의 마음은 흔들리기 시작했습니다.

결혼의 신, 헤라

제우스와 결혼한 신들의 여왕이에요. 가족과 결혼을 지키는 여신이지요. 꼿꼿한 성격으로 정의롭지 못 한 행동을 보면 참지 못해요. 제우스는 헤라와 결혼하고 싶어 무척 쫓아다녔어요. 하지만 헤라는 제우스를 피해 다녔지요. 어느 날 제우스는 귀여운 비둘기로 변해 헤라의 마음을 얻고 결혼까지 했답니다. 가족과 결혼을 지키는 여신 헤라는 가정을 지키지 않는 제우스를 늘 못마땅하게 여겼답니다.

한편 헤라는 올림포스에서 한가롭게 여신들과 노래를 부르고 있다가 갑자기 주변이 검은 구름으로 덮이는 걸 보았습니다. 검은 구름은 올림포스 신전까지 피어올랐는데, 이나코스 강에 더 짙게 깔려 있었습니다.

'이상한 일이군. 이런 일을 할 수 있는 건 제우스밖에 없어.'

헤라는 제우스가 또 무슨 일을 꾸미고 있다는 것을 금방 알아챘습니다. 헤라는 불안해서 모르는 척 가만히 있을 수가 없었습니다.

"제우스가 다른 여자에게 사랑 고백을 하고 있는 게 분명해. 나 몰래 일을 벌이려고 검은 구름을 잔뜩 끼게 한 거야. 결혼의 약속을 어기고 나를 속이다니. 가만있지 않겠어."

헤라는 이나코스 강가로 서둘러 내려갔습니다.

3
암소가 된 이오

"이오, 미안하지만 잠시 다른 동물로 변해 있어야겠소."

"제우스 님. 싫, 싫어요. 싫다고…… 음매!"

어느새 이오는 하얀 암소로 변했습니다.

제우스와 이오는 웃으면서 정답게 이야기를 나누었습니다. 그때 바람이 불어왔습니다. 헤라의 불같은 화가 바람을 타고 제우스에게까지 다가왔던 것입니다. 제우스는 깜짝 놀랐습니다.

"이거 큰일 났군. 이오, 지금 헤라가 이리로 오고 있소."

"예, 뭐라고요? 그럼 저는 어떻게 되는 건가요? 헤라 여신께서 화를 많이 내실 텐데……."

이오는 헤라가 제우스의 다른 아내들을 어떻게 괴롭혔는지 잘 알고 있었습니다. 걱정이 되기는 제우스도 마찬가지였습니다.

헤라는 화가 나면 무섭게 복수한다는 걸 알고 있었기 때문입니다. 이오에게도 큰일이 벌어질 게 뻔했습니다.

그래서 제우스는 헤라를 속이기 위해 이오를 암소로 바꿔야겠다고 생각했습니다.

“이오, 미안하지만 잠시 다른 동물로 변해 있어야겠소. 헤라를 속이기 위한 것이니 조금만 참으시오. 곧 본래의 모습으로 되돌려 줄 테니.”

“제우스 님. 싫, 싫어요. 싫다고…… 음매!”

어느새 아름다운 이오는 온데간데없고 제우스 앞에서는 하얀 암소가 울부짖고 있었습니다. 이오는 눈처럼 털이 하얗고 눈빛이 그윽하며 몸이 *날렵한 암소로 변했습니다.

그 순간, 헤라의 날카로운 목소리가 들렸습니다.

“제우스! 당신 지금 여기서 뭘 하는 거예요? 어서 나타나지

*날렵하다 매끈하게 맵시가 있다.

못해요?"

구름이 걷히자 헤라의 생각과는 달리 제우스는 암소 한 마리와 서 있었습니다.

"오! 사랑하는 헤라. 당신이 여기까지 웬일이오?"

제우스는 아무 일도 없었다는 듯 말했습니다.

"솔직하게 말해요. 지금까지 누구와 있었죠?"

"나 혼자 강가를 거닐고 있는데 갑자기 땅이 갈라지더니 그 속에서 이 암소가 나오지 않았겠소."

헤라는 제우스를 믿지 않았지만 마음을 숨긴 채 말했습니다.

"어머 그래요? 이 암소는 어쩜 이렇게 털이 새하얗게 예쁠까요? 마치 세상에서 가장 아름다운 여인이 변한 모습 같군요."

헤라는 암소의 털을 쓰다듬으며 제우스의 눈치를 살폈습니다.

"아, 그런가? 난 자세히 보지 않아서 모르겠소."

헤라는 제우스의 마음을 떠 보기로 했습니다.

“제우스, 이 소는 정말 아름답군요. 늘 이런 소 한 마리를 갖고 싶었어요. 임자도 없이 갑자기 땅에서 나타난 소라니 제가 가져도 되겠죠?”

제우스는 가슴이 철렁 내려앉았습니다. 이대로 이오를 헤라에게 넘겨주면 이오가 괴롭힘을 당할 것이 분명했습니다. 갑작스러운 상황에 이오는 두렵고 무서웠습니다.

"헤라! 이까짓 소 한 마리를 어디에 쓰려고 그러오? 내가 황금 빛 털을 가진 멋진 황소를 구해 주리다."

"아뇨. 저는 꼭 이 암소가 갖고 싶어요. 혹시 주기 싫어서 그런 건가요? 이 암소가 예쁜 아가씨라도 되나요?"

제우스는 어쩔 수 없이 헤라에게 암소로 변한 이오를 선물로 주었습니다. 계속 버티다가는 헤라에게 *들통이 날 것 같아 두려웠습니다.

소로 변한 이오는 제우스의 말을 듣고 안 된다고 소리쳤습니다. 하지만 이오의 아름다운 목소리 대신 거친 소 울음소리만 나올 뿐이었습니다.

'제우스 님, 저는 어떻게 되는 거죠? 절 이대로 보내지 마세요.'

이오는 제우스에게 외쳤지만 소용없었습니다. 제우스는 이오를 위해서라도 지금은 헤라의 뜻을 모두 들어줘야 한다고 생각했습니다.

*들통 비밀이나 잘못된 일 따위가 드러난 판국.

암소를 달라고 하는 헤라

〈제우스와 헤라〉 얀 흘라우버르 미틸

그림 속에서 헤라는 제우스에게 암소를 달라고 손을 내밀고 있어요. 암소 이오는 너무 창피해서 어둠 속으로 얼굴을 돌려버렸지요. 그 가운데 이러지도 저러지도 못하는 제우스의 모습이 잘 표현되었어요.

“호호, 고마워요. 보면 볼수록 예쁘게 생긴 암소네요. 내가 잘 기를게요.”

헤라는 알 듯 모를 듯한 미소를 지으며 암소를 데리고 걸어갔습니다.

‘미안하오, 이오. 조금만 참아 주구려. 내 꼭 당신을 되찾아 원래 아름다운 모습으로 되돌려 놓겠소.’

제우스는 슬픈 눈으로 이오를 바라보았습니다. 이오도 슬픈 눈으로 제우스를 돌아보았습니다.

4
아르고스의 감시를 받는 이오

아르고스는 암소로 변한 이오 곁에 앉았습니다.

“도망칠 생각은 꿈에도 하지 마라.

만약 그런 일이 생기면 이 손이 너를 가만두지 않을 거야.”

하지만 여기서 끝이 아니었습니다. 이오의 슬픔은 지금부터 시작이었습니다. 헤라는 만만한 여신이 아니었습니다. 옳지 못한 일을 보면 그냥 넘어가지 않고, 자신을 속인 사람은 결코 용서하지 않았습니다.

'감히 여신인 나를 피해 제우스를 만나다니! 암소로 변했다고 내가 모를 줄 알고?'

헤라는 그길로 숲 속으로 들어가 아르고스를 만났습니다. 아르고스는 헤라가 아끼는 부하였습니다. 아르고스의 생김새는 무척 남달랐습니다. 아르고스는 키가 하늘에 닿을 듯이 컸습니다.

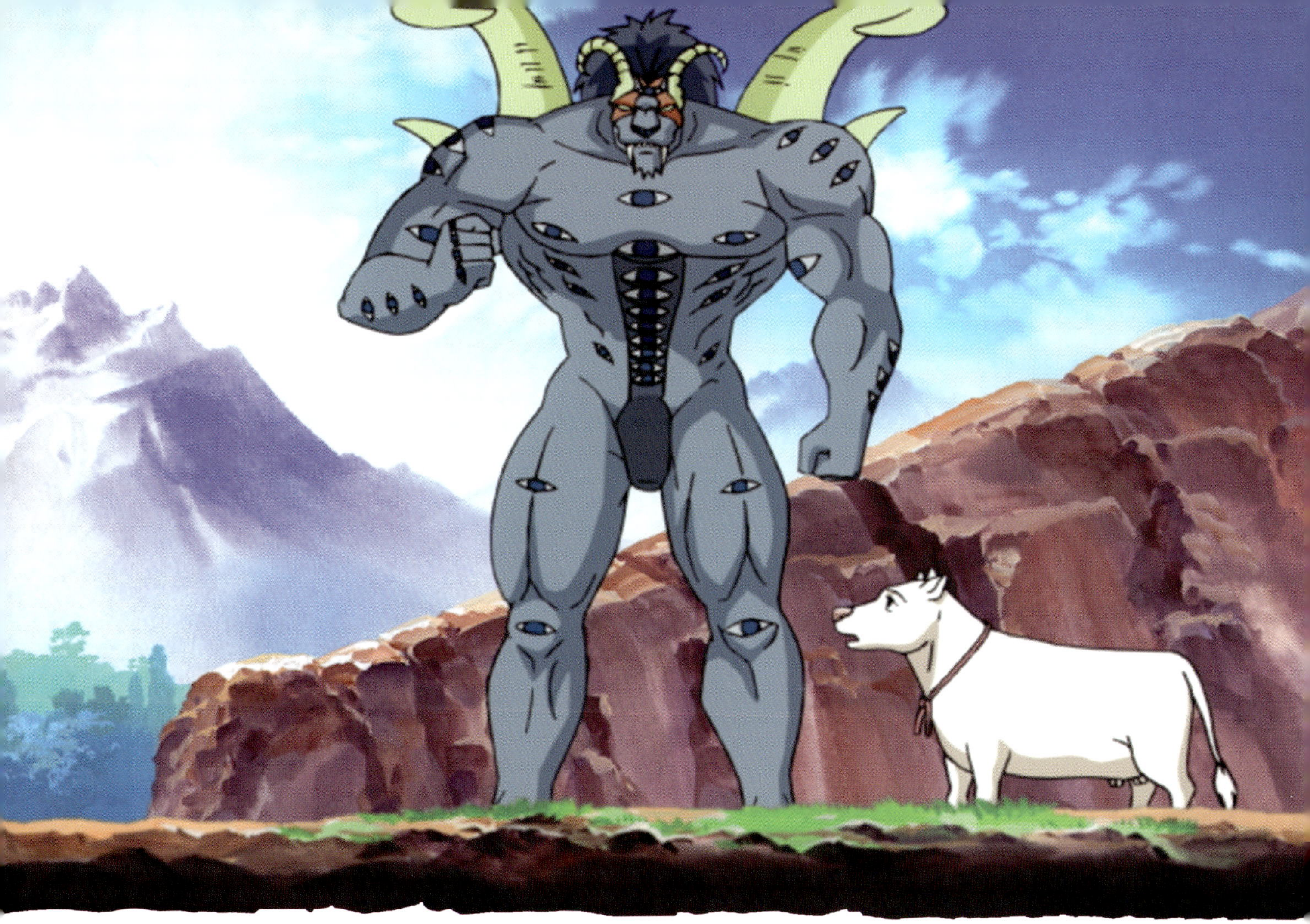

손과 발의 크기도 보통 사람의 열 배는 되었습니다. 가장 눈에 띄는 것은 눈이었습니다. 아르고스의 눈은 얼굴과 목 뒤에 한 개씩, 그리고 온몸에 백 개나 있었습니다.

아르고스는 온종일 눈을 굴리며 주위를 살폈고 힘도 세기 때문에 누구도 덤비지 못 했습니다.

"아르고스! 오늘부터 이 암소 곁에 아무도 얼씬거리지 못 하게 해야 한다. 그리고 도망치지 못 하도록 늘 지키고 있거라."

아르고스는 암소로 변한 이오 곁에 앉았습니다. 그리고 온몸의 눈을 껌뻑이며 이오에게 말했습니다.

"도망칠 생각은 꿈에도 하지 마라. 만약 그런 일이 생기면 이 손이 너를 가만두지 않을 거야."

아르고스는 자기 힘을 과시하듯 한 손으로 바위를 와르르 부숴 버렸습니다.

이오는 혹시 하는 마음에 목이 터져라 소리를 질렀습니다.

'살려 주세요! 저는 소가 아니라 이오예요.'

하지만 들리는 소리는 '음매.' 하는 소 울음소리뿐이었습니다.

이오는 이제 낮에는 풀을 뜯어 먹었고, 밤에는 밧줄에 묶여 딱딱한 바닥에 엎드려 잠을 자야 했습니다. 아무리 아르고스에게 가서 이야기해도 아르고스는 이오의 목소리를 들을 수 없었습니다. 이오는 언제까지 암소의 모습으로 지내야 하는지 두렵고, 점점 더 슬퍼졌습니다.

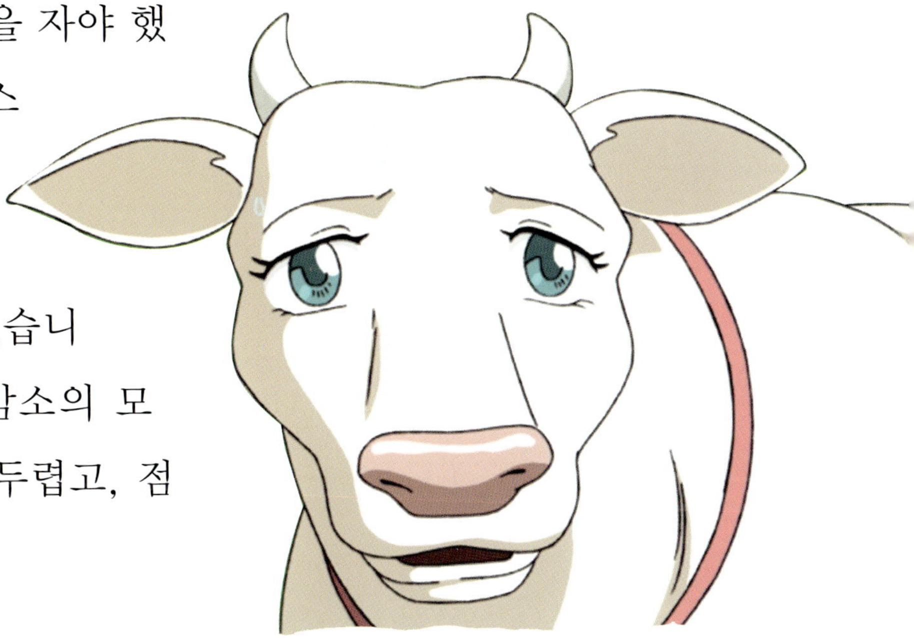

이오는 가족이 그리웠습니다. 다정한 아버지와 귀여운 동생들이 보고 싶었습니다. 갑자기 사라진 자신을 찾고 있을 아버지와 동생들이 눈에 어른거렸습니다.

'집에 가고 싶어! 한 번만이라도 아버지와 동생들을 만날 수 있다면…….'

이오는 밤마다 눈물을 흘리며 가족을 그리워했지만 만날 방법이 없었습니다. 아르고스는 밤에 잘 때에도 한두 개의 눈은 꼭 뜨고 있었기 때문입니다.

암소 이오는 그렇게 눈물로 하루하루를 보냈습니다. 소리 내어 울고 아무리 발버둥 쳐도 자신이 이오라는 걸 알아주는 이는 아무도 없었습니다. 그녀는 가끔씩 하늘의 올림포스 신전을 올려다보며 제우스를 떠올렸습니다.

'제우스 님! 어서 저를 구해 주세요. 저 이오예요. 혹시 저를 잊은 건 아니지요?'

하지만 제우스는 이오를 찾아오지 않았습니다.

제우스도 이오 생각이 떠나지 않았습니다. 자기 때문에 암소로 변해 버린 이오에게 정말 미안했습니다.

'이오는 얼마나 괴로울까? 가족들은 설마 이오가 암소로 변했으리라고는 생각지도 못 할 텐데.'

하지만 제우스는 아내 헤라가 무서워 그저 안타깝게 지켜볼 뿐이었습니다.

5
이오를 몰라보는 가족

"사랑하는 내 딸아.
그렇게 착하고 아름답던 네가 소로 변할 줄이야……."

이오가 사라지자 아버지 이나코스와 동생들은 이오를 찾아 나섰습니다. 몇 날 며칠을 찾아 헤맸지만 이오를 보았다는 사람조차 없었습니다.

"아버지, 누나가 설마 죽은 건 아니겠지요?"

"그런 소리 마라! 절대 그럴 리 없어. 무슨 까닭이 있을 게다."

가족들은 이오를 찾아 어느덧 이오가 있는 숲까지 오게 되었습니다.

"이오! 이오!"

풀밭에 힘없이 엎드려 있던 이오는 깜짝 놀라 고개를 들었습니다.

아버지의 목소리였습니다.

'아버지? 내가 잘못 들었을 거야. 아버지께서 이런 곳에 오실 리가 없어.'

하지만 조금 뒤 이오는 아버지와 동생들의 목소리를 분명히 들었습니다.

'틀림없어. 가족들이 나를 찾으러 왔어!'

소리가 들리는 쪽을 보니 정말 그곳에는 아버지와 동생들이 보였습니다.

'아버지와 동생들이야!'

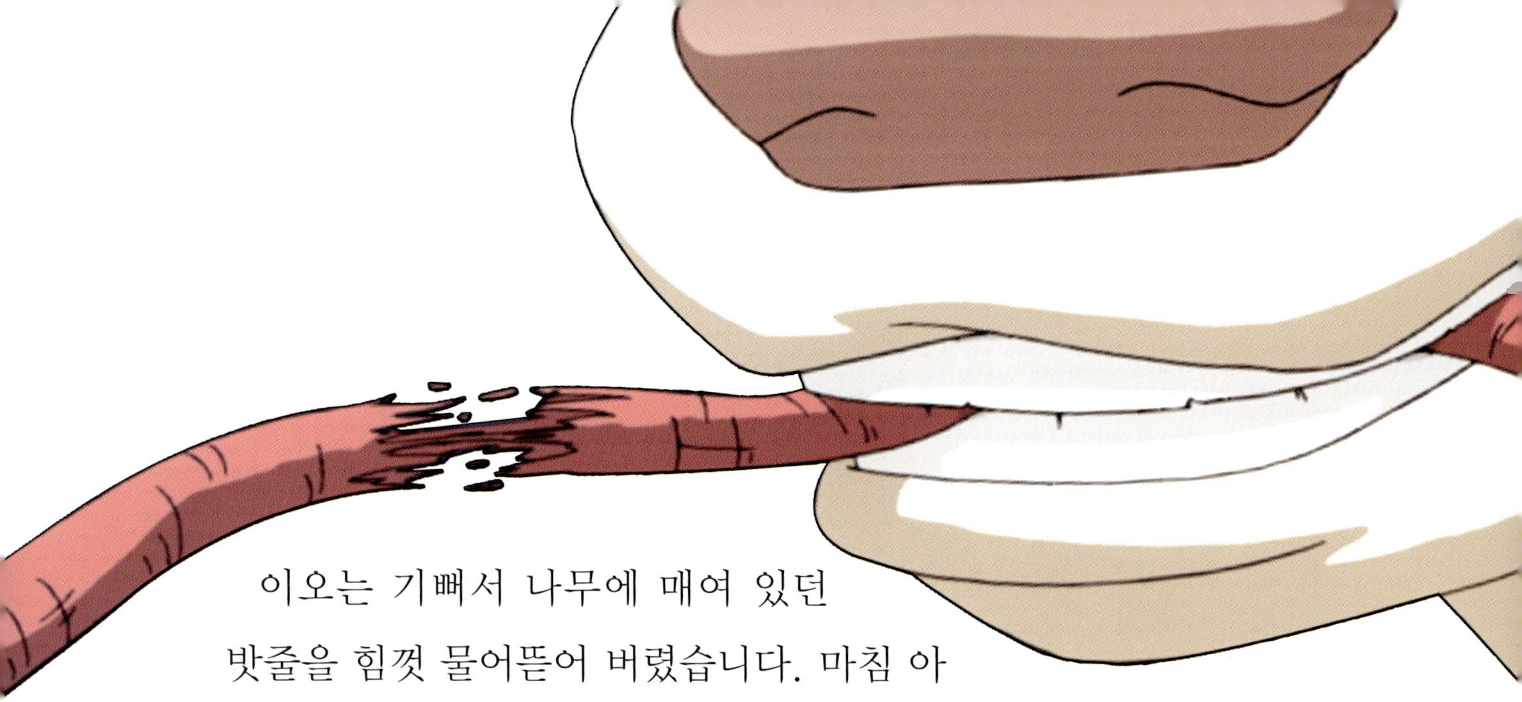

이오는 기뻐서 나무에 매여 있던 밧줄을 힘껏 물어뜯어 버렸습니다. 마침 아르고스가 잠시 자리를 비운 터라 이오는 아버지와 동생들에게 달려갈 수 있었습니다.

'아버지! 저예요, 저!'

이나코스는 달려오는 하얀 암소를 보았습니다. 아들들이 위험하다며 뒤로 물러섰지만, 이나코스는 왠지 두렵지 않았습니다.

"괜찮아. 사나운 소 같지는 않구나. 저 눈을 보렴. 착해 보이지 않니?"

이나코스는 암소 이오를 어루만져 주었습니다.

"참 아름다운 소로구나. 이 풀 좀 먹어 보렴."

이나코스는 풀을 뜯어 이오에게 주었습니다.

'아버지, 저예요. 이오예요!'

이오는 아버지를 목놓아 외쳤지만, 이나코스의 귀에는 소 울음소리로 밖에는 들리지 않았습니다.

소와 그리스 로마 신화

그리스 로마 신화를 보면 이오의 이야기처럼 소와 관련된 이야기들이 많아요. 미노스 왕은 포세이돈의 저주를 받아 소를 닮은 미노타우로스를 낳지요. 또 프로메테우스는 인간들에게 맛있는 쇠고기를 먹이고 싶어 제우스를 속이다 들통이 난답니다. 헤라클레스도 소와 관련된 이야기가 참 많아요. 옛날부터 소는 신께 바치는 제물, 곧 희생을 뜻하기도 했으니, 소는 신이나 인간에게 아주 가까운 동물인가 봅니다.

이오는 눈물을 흘리며 아버지의 손바닥을 핥았습니다.

"아버지, 그만 일어나세요. 빨리 누나를 찾으러 가야 해요."

그때였습니다. 암소가 이나코스 앞에서 네 다리를 움직여 춤을 추는 것이었습니다. 이오는 아버지에게 즐겨 추던 춤을 보여 주고 싶었습니다. 그러면 아버지가 자기를 알아볼 것 같았습니다.

"아니, 이 소가 미쳤나?"

"아버지, 소가 날뛰잖아요. 어서 가요."

이오는 가족들에게 자기를 알릴 방법이 없어 털썩 주저앉아 울었습니다.

'아버지! 제가 이오라고요!'

아무리 울부짖어도 그저 소 울음소리만 나올 뿐이었습니다.

"이런 곳에 혼자 떨어져 있다니 *가엾구나."

이나코스는 암소를 꼭 끌어안아 주었습니다.

*가엾다 마음이 아플 만큼 안되고 처연하다.

이오는 벌떡 일어나 땅을 파기 시작했습니다.

“아니, 이 소가 뭘 하는 거지?”

모두 눈이 휘둥그레졌습니다.

이오는 땅을 파는 것처럼 보였지만 사실은 글씨를 쓰고 있었습니다.

“소가 뭔가를 쓰고 있어요.”

“뭘 쓰고 있는 거지?”

이오는 있는 힘껏 땅에다 자신의 이름을 썼습니다. 무딘 발굽으로 글씨를 쓰자니 어렵고 힘들었지만 이 기회를 놓칠 수는 없었습니다.

"이. 오. 이오!"

"누나? 누나라고?"

이오의 눈에서 끊임없이 눈물이 흘러내렸습니다. 이나코스와 동생들도 소로 변한 이오의 목을 끌어안고 함께 울었습니다.

"사랑하는 내 딸아. 그렇게 착하고 아름답던 네가 소로 변할 줄이야……. 하지만 우리가 어떻게든 너를 원래의 모습으로 돌려 놓고야 말겠다."

쿵, 쿵, 쿵!

갑자기 땅이 심하게 흔들리면서 아르고스가 나타났습니다.

“네놈들은 누구냐? 이놈의 소가 여기서 뭘 하고 있는 거야?”

‘아버지, 오빠! 어서 도망가세요!’

이오는 열심히 외쳐 댔지만 소 울음소리만 울려 퍼졌습니다.

“이 소는 내 딸이오. 제발 내 딸을 돌려주시오.”

이나코스는 아르고스에게 매달렸지만, 아르고스는 아랑곳하지 않았습니다.

“저리 비키지 못 해?”

아르고스는 이오의 가족을 멀리 던져 버리고는, 이오를 데리고 가 버렸습니다.

6
이오 가족의 슬픔과 제우스

"최고의 신 제우스 님이여!

제 딸을 도와줄 수 있는 분은 당신밖에 없습니다.

제발 제 딸을 원래 모습으로 돌아오게 도와주소서!"

아르고스에게 내던져진 이나코스와 이오의 동생들은 힘없이 집으로 돌아왔습니다. 이나코스와 동생들의 슬픔은 말할 수 없이 컸습니다.

"너를 마법에서 풀려나게 해 줄 수만 있다면 무슨 짓이라도 하련만……. 이 아버지는 너를 위해 아무것도 할 수가 없구나. 죽을 때까지 이 슬픔을 떨쳐 낼 수 없겠구나!"

이나코스의 머릿속에는 해맑게 웃던 딸 이오의 얼굴이 사라지지 않았습니다. 결국 이나코스는 지푸라기라도 잡는 마음으로 제우스에게 빌었습니다.

“최고의 신, 제우스 님이여! 제 딸을 도와줄 수 있는 분은 당신 밖에 없습니다. 제발 제 딸을 원래 모습으로 돌아오게 도와주소서!”

하지만 그 모습을 보는 제우스도 어찌할 도리가 없었습니다.

제우스는 이따금 헤라의 마음을 돌려 보려고 애썼습니다. 하지만 헤라는 흰 암소 이야기만 나오면 화를 내고, 제우스가 암소를 감싸려고 하면 이오가 변한 암소를 더 못살게 굴었습니다.

“이나코스! 아직은 때가 아니오. 조금만 더 기다리시오.”

제우스는 이나코스에게 항상 같은 대답만 할 뿐이었습니다.

이나코스는 제우스에게 점점 화가 났습니다.

‘내 딸을 이렇게 불행하게 만들어 놓고 손 놓고 있다니! 아무리 제우스라도 참을 수 없어!’

분노한 이나코스는 강의 물줄기를 기둥으로 만들어 일으켰습니다.

이나코스는 몹시 화가 난 나머지 제우스에게 맞서면 어떤 일이 일어날지조차 생각할 수 없었습니다.

"이나코스! 감히 올림포스 신들의 왕인 나한테 덤비는 것인가?"

제우스는 자신에게 *대드는 이나코스를 가만히 두고 보지 않았습니다. 아무리 자기가 잘못을 했다고 해도 최고의 신인 제우스의 뜻을 거스르는 모습을 그냥 보고 넘길 수는 없었습니다.

이나코스 강의 물줄기를 막아 버리려고 제우스는 벼락을 이나코스의 강에 내리꽂았습니다.

이때부터 아르카디아에 있는 이나코스 강은 바짝 말라 버렸습니다. 그러자 이나코스는 더 이상 제우스에게 반항할 수 없었습니다. 그때 아르고스의 감시를 받던 이오는 갑자기 슬픈 기분이 들어 눈물을 흘렸습니다.

암소가 된 이오의 앞날은 과연 어떻게 될까요?

*대들다 요구하거나 반항하느라고 맞서서 달려들다.

신에 대한 인간의 도전

〈나무에 매달린 마르시아스〉 작가 미상

그리스 신화에서 신에게 도전한 자는 모두 무서운 벌을 받았어요. 특히 신들 중의 신인 제우스를 거스르는 자는 신이건 사람이건 모두 벌을 받았어요. 이 조각상은 마르시아스로, 아폴론 신에게 도전했다가 나무에 묶여 살갗에서 피가 날 정도로 고통을 받았어요. 이처럼 올림포스의 신들은 한없이 너그럽지만은 않았답니다.

신화 OLYMPUS GUARDIAN 뒷이야기

신이라고 하면 어떤 생각이 드나요? 신은 온 세상의 이치를 한눈에 꿰뚫고 있으며, 먹지도 자지도 않을 것 같습니다. 또 사람들은 서로 다투며 크고 작은 실수도 많이 저지르지만, 신은 늘 옳은 일만 하고 모든 일을 너그럽게 품어 줄 것 같습니다. 그러나 그리스 신화에 나오는 올림포스의 신들은 어떤가요?

제우스 신을 보세요. 이오의 아버지 이나코스가 맞서자 강을 바짝 말려 버립니다. 헤라 여신은 또 어떤가요? 바람둥이 남편 제우스를 감시하고 제우스가 사랑하는 여자에게 견디기 어려운 고통을 줍니다. 이 이야기의 주인공 이오만 봐도 그렇습니다. 제우스는 아내 헤라에게 들키지 않으려고 이오를 허락도 없이 암소로 만들어 버리지요. 헤라는 암소가 된 가엾은 이오를 그냥 내버려 두기는커녕 눈이 백 개나 되는 괴물 아르고스를 시켜 감시하게 합니다. 가족과 떨어져 소가 된 이오는 얼마나 슬펐을까요?

올림포스 신들은 사람들과 마찬가지로 기쁠 때 웃고, 슬플 때 울며, 화가 나면 화를 냅니다. 인간과 비슷한 감정을 가진 존재이지요. 그래서 사람들은 올림포스 신들을 더 가까이 느낄 수 있고, 신들의 이야기에서 어떻게 세상을 살아야 하는지 교훈을 얻기도 합니다. 그렇다고 신들이 인간과 같다고 생각하면 큰일입니다. 신들은 자신에게 도전하는 인간을 결코 용서하지 않기 때문입니다. 신들은 인간에게 이렇게 이야기하는 것 같습니다. 항상 제자리에서 인간의 본분을 지키며 행복을 찾으라고 말입니다. 겸손하지 않고 잘난 체하는 것을 신들은 그냥 두고 보지 않는다고 말입니다.

올림포스 신들의 계보

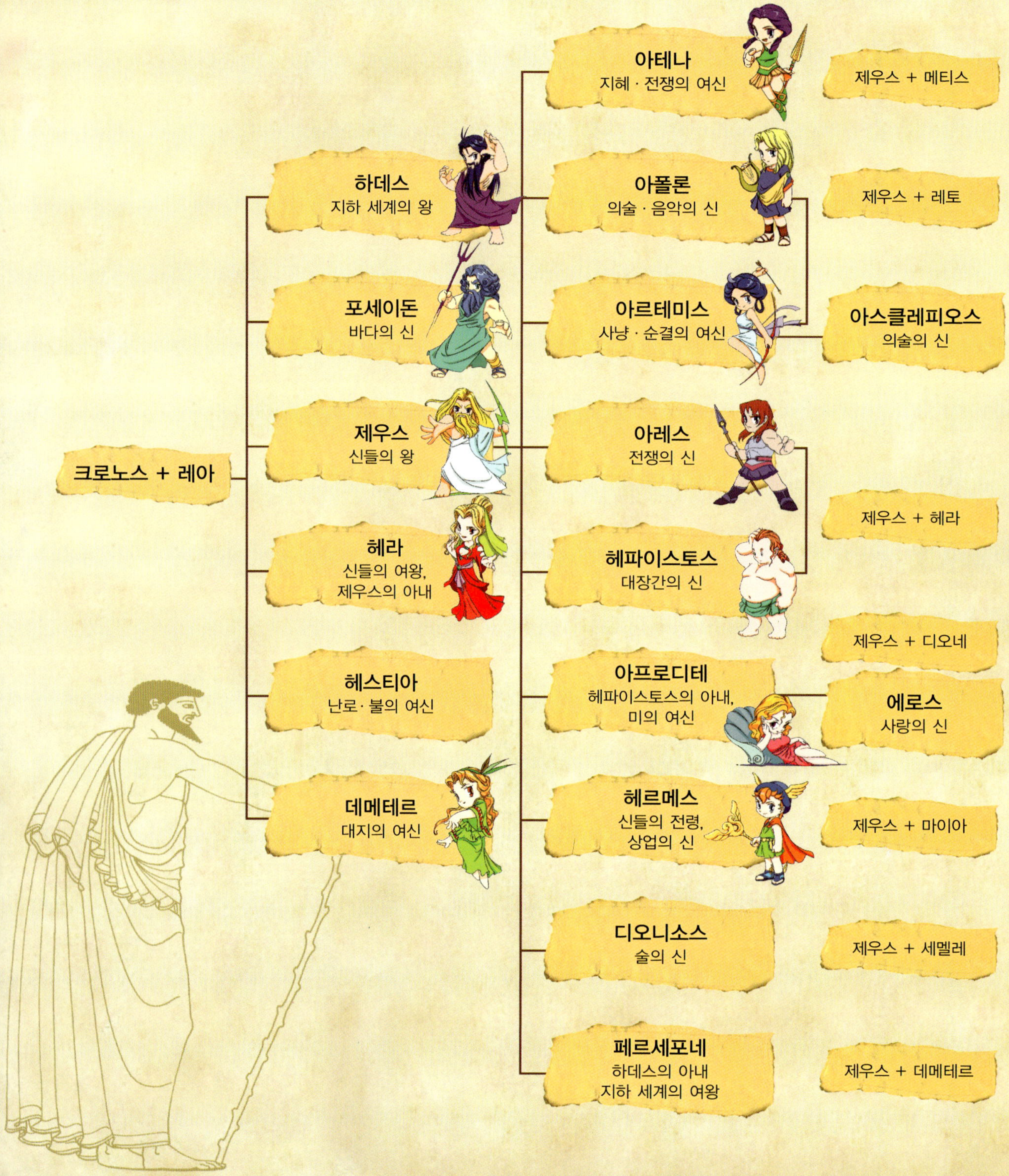
크로노스 + 레아
하데스
지하 세계의 왕
포세이돈
바다의 신
제우스
신들의 왕
헤라
신들의 여왕,
제우스의 아내
헤스티아
난로 · 불의 여신
데메테르
대지의 여신
아테나
지혜 · 전쟁의 여신
제우스 + 메티스
아폴론
의술 · 음악의 신
제우스 + 레토
아르테미스
사냥 · 순결의 여신
아스클레피오스
의술의 신
아레스
전쟁의 신
제우스 + 헤라
헤파이스토스
대장간의 신
제우스 + 디오네
아프로디테
헤파이스토스의 아내,
미의 여신
에로스
사랑의 신
헤르메스
신들의 전령,
상업의 신
제우스 + 마이아
디오니소스
술의 신
제우스 + 세멜레
페르세포네
하데스의 아내
지하 세계의 여왕
제우스 + 데메테르